Para viver bem
pensamentos

Pe. Donato Darós

Para viver bem
pensamentos

2ª edição – 2007
5ª reimpressão – 2023

Dados Internacionais de Catalogação na Publicação (CIP)
(Câmara Brasileira do Livro, SP, Brasil)

Darós, Donato
    Para viver bem : pensamentos / Donato Darós. – 2. ed. – São Paulo : Paulinas, 2007.

    ISBN 978-85-356-1477-0

    1. Alegria 2. Conduta de vida 3. Felicidade 4. Otimismo 5. Qualidade de vida 6. Solidariedade I. Título.

07-9771   CDD-248.4

Índice para catálogo sistemático:
    1. Pensamentos : Conduta de vida : Vida cristã 248.4

Direção-geral: *Flávia Reginatto*
Editora responsável: *Celina H. Weschenfelder*
Auxiliar de edição: *Alessandra Biral*
Coordenação de revisão: *Andréia Schweitzer*
Revisão: *Ana Cecilia Mari*
Direção de arte: *Irma Cipriani*
Gerente de produção: *Felício Calegaro Neto*
Projeto gráfico e capa: *Telma Custódio*

Paulinas
Rua Dona Inácia Uchoa, 62
04110-020 – São Paulo – SP (Brasil)
Tel.: (11) 2125-3500
http://www.paulinas.com.br – editora@paulinas.com.br
Telemarketing e SAC: 0800-7010081
© Pia Sociedade Filhas de São Paulo – São Paulo, 2005

Apresentação

Entre os diversos dons concedidos por Deus à humanidade, o primeiro e maior de todos é a vida. Como Pai, ele deseja que cresçamos, nos realizemos e vivamos felizes. Para isso, é imprescindível que a existência seja desfrutada com amor, paixão, esperança, fraternidade, otimismo... sem medo do desconhecido.

Sobre esse aspecto, vale ressaltar a seguinte frase de Jesus: "Não temam!". O medo inibe, paralisa e faz cessar a alegria de viver.

Após refletir a respeito da importância de saber enfrentar as adversidades da existência de maneira otimista, alegre, fraterna, justa e solidária, apresento-lhes esta obra, dividida nos mais variados temas.

Com estas mensagens, espero que o amor e a fé se desenvolvam a cada dia na vida de todos.

Boa leitura!

Pe. Donato Darós

O cultivo da alegria e do bom humor

Na Bíblia, a palavra alegria é citada 169 vezes. Fruto do amor, esse sentimento é a melhor forma de combate à depressão, às frustrações e até mesmo às enfermidades.

Na Palavra de Deus, estão relacionadas algumas passagens que poderão servir de incentivo no dia-a-dia das pessoas. No livro dos Salmos (43[42],4a), pode-se encontrar: "Irei ao altar de Deus, ao Deus que é minha alegria e meu júbilo". Nos Evangelhos, Lucas (2,10b) apresenta estas palavras de Jesus: "Não tenhais medo! Eu vos anuncio uma grande alegria, que será também a de todo o povo". O mesmo evangelista escreve (24,51-52): "E enquanto os abençoava, afastou-se deles e foi elevado ao céu. Eles o adoraram. Em seguida, voltaram para Jerusalém, com grande alegria". Em João 15,11, aparece a seguinte frase: "Eu vos disse isso, para que a minha alegria esteja em vós, e a vossa alegria seja completa". Nas cartas de são Paulo, a "alegria" está presente em Gálatas 5,22a: "O fruto do Espírito, porém, é: amor, alegria, paz..." e em Filipenses 4,4: "Alegrai-vos sempre no Senhor! Repito, alegrai-vos!".

De acordo com a Sagrada Escritura, é possível perceber a alegria de Jesus acompanhado pelas crianças ou na casa de Maria, Lázaro e Zaqueu, seus amigos. Nas Bodas de Caná e na multiplicação dos pães, esse sentimento se mistura a outro, também muito importante: a fraternidade entre as pessoas.

O ato de sorrir é benéfico tanto para o corpo quanto para o espírito. Exercite-o com freqüência!

A vida é dom,
é presente de Deus,
o primeiro e maior
de todos os bens.
Por isso, temos de amá-la
e valorizá-la sempre.

É importante
acordar cada manhã
como crianças
que não têm nada planejado.
Que desde cedo
alimentemos a esperança
de um excelente dia
e o entreguemos ao Deus da vida.

A vida é um começar a cada manhã
e um terminar a cada noite.
Desfrute intensamente
o momento.
É a única certeza que possui.

Na vida,
precisamos ser,
viver e sentir prazer.
O prazer
faz parte da existência
e é saudável. Portanto,
é fundamental aproveitarmos
todos os momentos
da melhor maneira.

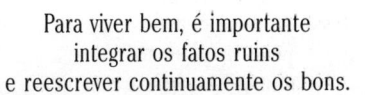

Para viver bem, é importante
integrar os fatos ruins
e reescrever continuamente os bons.

Ninguém
tem o direito
de arruinar, marginalizar,
sacrificar ou acabar
com a vida dos outros
nem com a própria.
A existência humana
é o maior sinal
do amor de Deus.
Somente ele
é o Senhor absoluto!

Cada um de nós é o maior responsável
pela própria vida.
Desse modo, é fundamental o respeito
pelas opiniões individuais
na busca do melhor caminho.

A vida
é uma oportunidade
recebida gratuitamente
de Deus,
por isso é necessário
aproveitá-la ao máximo.
É uma chance única,
insubstituível
e que merece ser
bem vivida.

Para quem crê e confia em Deus,
não há obstáculo intransponível.
O ato de fazer a vontade do Senhor
é o bem maior da vida.

Aproveite a vida
com otimismo e sabedoria.
Prefira amar a odiar;
perdoar a condenar;
lutar a desanimar;
rezar a amaldiçoar;
confiar a desesperar,
perseverar a desistir
e viver a morrer.

A vida não tem preço.
É o mais belo tesouro,
o maior dom recebido.
O compromisso do ser humano
é acolhê-la,
defendê-la, promovê-la
em suas formas e etapas.

É bom saber que
Deus está sempre
próximo a nós
ou em nosso interior.
Onde há vida,
amor, amizade,
respeito, alegria,
solidariedade e paz,
aí ele está.

Não cultive a carência, mas a superação.
Caso contrário,
vai se tornar mais dependente.
Lembre-se de que a vida
é um contínuo renovar-se e renascer.

Ninguém é infeliz
quando faz as coisas
com amor.
A felicidade
não está no viver
sem sacrifícios,
mas sim no encarar
a existência com fé,
entusiasmo,
confiança e alegria.

Segundo Dostoievski,
"o segredo da existência humana
não consiste somente em viver,
senão também em saber por que se vive".

De acordo com Sêneca,
"estamos preocupados
em viver muito
e viver bem,
quando não depende
de nós viver muito,
mas viver bem".

"Quem segue a justiça
e a misericórdia
achará vida,
justiça e glória"
(Pr 21,21).

Não nascemos
prontos, perfeitos.
A existência
é um constante
aperfeiçoamento,
até a plenitude.
Esse é o maior desejo
de Cristo,
sintetizado nesta frase:
"Eu vim para que
tenham vida,
e a tenham
em abundância"
(Jo 10,10).

A melhor coisa da vida
que uma pessoa pode experimentar
é amar e se sentir amada.
Na verdade, a existência humana
só se desenvolve normalmente
onde há amor, carinho,
auto-estima, compreensão e paz.

O significado
do amor verdadeiro
é doar-se sem esperar
nada em troca.
De acordo com são Paulo,
o amor não se desgasta, entrega-se.
Nunca envelhece, sempre se renova.
O amor não é invejoso,
não é ciumento, não é interesseiro,
não guarda a ofensa recebida.
Por isso, tudo perdoa, tudo crê,
tudo espera e tudo suporta.
O amor jamais passará
(cf. 1Cor 13,4-8).

Quem ama verdadeiramente
acredita que a beleza interior
é invisível aos olhos externos,
mas não aos do coração.

Embora seja
difícil alcançar
a vivência perfeita,
é necessário cultivar
e alimentar o amor
com gestos concretos
de acolhida,
compreensão, doação,
tolerância e perdão.
Caso contrário,
o sentimento esmorece
e se extingue.

Ninguém vive sem amor,
fonte de sentido e encanto à vida.
Com base nisso, santo Agostinho es-
creveu: "Ama e faze o que quiseres".

O verdadeiro amor
não magoa
nem é possessivo;
não trai nem brinca
com os sentimentos alheios.
É impossível existir
afeto sem sacrifício,
renúncia,
ascese e perdão.
Portanto,
onde não há amor,
plante-o!

Deus é fonte de todo amor.
Ao capacitá-los para amar, deixá-los amar
e responder ao amor criador;
ele jamais priva os seres humanos
de seu amor e sua bênção.

Lembre-se de que
o amor a Deus
só é possível se acompanhado
pelo amor ao próximo.
Vale lembrar
que próximo
é toda e qualquer pessoa,
mesmo o inimigo.
Então procure
relacionar-se bem
com aqueles
que estão perto.

Antes de acreditar na existência de Deus,
é fundamental crermos que ele nos ama.
Somos um desejo eterno do amor divino
e viemos do seu coração.

Lembre-se sempre
de que amar a Deus
com todo o coração,
com toda a sua mente,
com todas as forças,
e amar o próximo
como Jesus amou
é melhor que todos
os holocaustos e sacrifícios
(cf. Mc 12,33).

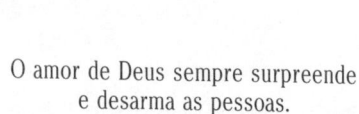

O amor de Deus sempre surpreende
e desarma as pessoas.
Esse sentimento
é a verdadeira fonte do amor
que renova e transforma a vida.

O amor é a maior
expressão de Deus,
que nos criou pelo
e para esse sentimento.
Nossa vocação é amar o próximo,
da mesma forma
que Cristo nos amou.
Sobre o assunto,
são Paulo escreve:
a única dívida que temos
para com os outros é o amor
(cf. Rm 13,8a).

Quem ama é tolerante; sabe compreender
e perdoar a si mesmo e ao próximo.
Quem não se desculpa se castiga.
O perdão não é humano, mas divino;
refaz e renova o amor.

Jesus nos ensina
a aceitar e assumir a vida
com otimismo,
mesmo nas dores e alegrias,
vitórias e fracassos.
Que visualizemos em tudo
a vontade de Deus,
que nos conduz sempre
para o caminho
da perfeição.

A fé é o início de tudo;
o amor é o fim.
Na vida, acreditemos em Deus,
Senhor do mundo e da história.
Nada é possível sem ele.

Procure criar ao redor
uma atmosfera de bom humor,
otimismo, alegria, esperança,
tranqüilidade e paz.
Dessa maneira, desaparecerão
a tristeza, o pessimismo,
a melancolia...

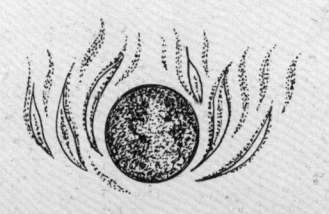

Quatro atitudes
nos auxiliam
a viver bem:
ter e realizar
bons desejos;
amar e auxiliar
os semelhantes;
viver o hoje,
pois o ontem passou
e o amanhã é incerto,
e possuir grandes sonhos.

Aprenda a conviver com dissabores
e perturbações apresentados pela vida.
Saiba extrair uma lição de tudo,
pois ninguém é perfeito.

Ao sentir-se
inseguro,
faça um balanço
sobre as amizades,
a família, os amigos,
entre outros.
Você vai perceber
que os bons momentos
superarão os ruins.

Procure ser otimista, solidário,
positivo e altruísta.
Lembre-se das palavras de João XXIII:
"Eu nunca encontrei um pessimista
que fosse útil à humanidade".

Elimine da mente
frases condicionais
como: "se tivesse feito diferente";
"se houvesse chegado antes";
"se tivesse me consultado".
Nunca se lamente por algo
que não ocorreu.
Isso prejudica o fluir da existência.
Fixe os pensamentos
no momento atual e no futuro.

Não se centralize em sua enfermidade
ou dor. Isso só agravará a situação.
Lembre-se de que já esteve pior,
mas conseguiu suportar e vencer.

Madre Teresa de Calcutá
não apreciava
os mal-humorados.
Segundo ela,
o mau humor
é o pior defeito
dos seres humanos.
Em contrapartida,
o bom humor,
o sorriso, o entusiasmo,
a alegria nos tornam saudáveis
e nos proporcionam vida longa.

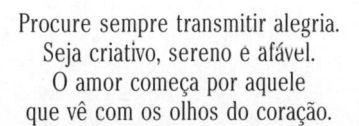

Procure sempre transmitir alegria.
Seja criativo, sereno e afável.
O amor começa por aquele
que vê com os olhos do coração.

Nunca peça
que Deus lhe tire sua cruz,
mas sim que lhe dê
forças e coragem
para suportá-la e carregá-la
até o final.
A exemplo de seu Filho,
Jesus, o peso da cruz
torna-se mais leve
quando é aceito
e assumido com amor.

Viva com serenidade e confiança,
aceitando-se a si mesmo e aos outros.
Assim será mais fácil a comunicação
com os demais e o estabelecimento
de amizades positivas e sólidas.

Tudo pode ser
considerado
de duas maneiras:
com otimismo ou pessimismo.
Procure encarar
as situações
de modo positivo.
Se agir assim,
o mundo inteiro
se transformará
em um jardim.

Somos criaturas de Deus,
Senhor do mundo e da história.
Quem está em sua companhia
não precisa temer nada.

É importante
possuir um ideal
que motiva,
ilumina,
apaixona
e incentiva à luta.
Embora talvez
nunca o atinjamos
totalmente,
sempre temos
algo dele.

"Eis o Deus que me salva,
eu confio e nada temo!
O Senhor é minha força
e meu alegre canto.
O Senhor é minha salvação"
(Is 12,2).

De acordo
com Henfil,
"se não houve frutos,
valeu a beleza das flores.
Se não houve flores,
valeu a sombra das folhas.
Se não houve folhas,
valeu a intenção da semente".

"Maldito o homem que confia
no ser humano, que na carne
busca a sua força e afasta
do Senhor seu coração!
Bendito aquele que confia no Senhor,
o Senhor mesmo será sua segurança"
(Jr 17,5.7).

"O Senhor
é meu pastor,
nada me falta.
Restaura
minhas forças,
guia-me
pelo caminho certo,
por amor
do seu nome"
(Sl 23[22],1.3).

Entusiasmo, autocontrole,
persistência, empatia
e automotivação
são algumas das
habilidades emocionais
que podemos canalizar
em nosso benefício.

Não se diminua
nem cultive a falsa modéstia
com pensamentos como:
"não posso";
"é impossível";
"sou incapaz",
não tenho condições".
Escute e dê atenção
ao bom amigo interior
com frases positivas do tipo
"eu vou conseguir";
"vai ser bom",
"eu tenho condições".

Todos possuem limitações e fraquezas.
A busca do perfeccionismo
exagerado só causa angústia,
pois somente Deus é bom e perfeito.

Procure administrar
os momentos de crise
com sabedoria.
Se houver dúvidas,
evite as decisões precipitadas.
Nesses instantes,
o que antes transmitia segurança
não vale mais.
Após o período de turbulências,
a vida assume outro rumo
com novo vigor,
e o ser humano se fortalece
ao enfrentar outros problemas.

Dedique aos aborrecimentos
somente o tempo necessário.
Quem se deita contrariado
se levanta cansado.

Não desanime
perante uma dificuldade
ou adversidade.
Procure ser firme,
forte e corajoso.
Não se atemorize
nem tenha medo,
pois o Senhor está a seu lado
em qualquer lugar
aonde você for
(cf. Js 1,9).

As preocupações ocasionam estresse,
depressão e adiam a felicidade.
A melhor alternativa é colocá-las
nas mãos de Deus
e confiar na misericórdia divina.

Quando surgirem
problemas ou conflitos,
a melhor solução
é enfrentá-los.
Evite introjetá-los
ou deixar-se envolver por eles.
Isso só agrava a situação.
Lembre-se das palavras
de d. Helder Camara:
"Quanto maiores
forem os desafios,
mais apaixonante
deve ser a nossa luta".

É aconselhável eliminar as bagagens
negativas e frustrantes do passado.
Fixe-se no horizonte,
pois o que passou não volta mais.

Há três tipos
de autoquestionamentos:
"o que sou realmente?";
"o que penso que sou?",
"o que os outros pensam que sou?".
Às vezes, meu modo de ser não
corresponde à idéia
que faço de mim mesmo
nem à maneira
como os outros me vêem.
O fundamental é integrá-los,
para que haja equilíbrio e harmonia.

Saiba administrar o estresse
e libertar-se do nervosismo
e da angústia.
Procure descansar e dormir bem.

Encare os problemas
sem temor.
Emoções e sentimentos
escondidos ou reprimidos
provocam depressão
e outros males.
A troca de confidências
e o diálogo
são remédios eficazes
que renovam o ânimo,
a alegria e o prazer de viver.

A sede de felicidade
é um direito legítimo de todos.
Essa conquista somente é alcançada
com muita luta e perseverança.

Não fique
sobre o muro.
Isso é próprio
dos indecisos
e dos apáticos.
A hesitação
causa angústia e ansiedade
e acumula problemas
e preocupações.
Nos momentos de decisão,
é necessário saber renunciar,
perder vantagens ou valores
para ganhar outros.

Cultive a auto-estima: ame-se,
queira-se bem e aos demais.
Quem não se ama se despreza
e não consegue amar ninguém.

Não se deixe perturbar
por problemas
ou adversidades futuras.
É impossível conhecer
o que o futuro reserva.
Nas horas de sofrimento,
provação, paixão e dor,
Jesus nos pede apenas:
"Vigiai e orai"
(Mt 26,41a).

Perdoe sinceramente a si mesmo
e a quem lhe ofendeu ou prejudicou.
Assim, Deus também o perdoará,
e você sentirá quanto é bom
viver em paz.

É importante
nos aceitarmos
como verdadeiramente somos,
seres exclusivos
e insubstituíveis.
Representamos
um pensamento
do amor de Deus
feito carne, feito gente...
à sua imagem e semelhança.
Ele nos amou primeiro
e nos presenteou com a vida.

Nas dificuldades, não desanime
nem se desespere.
Lembre-se das palavras de são Paulo:
"Tudo contribui para o bem
daqueles que amam a Deus"
(Rm 8,28a).

Nunca tome
uma decisão
importante "pressionado"
pelos outros, pois, por mais nobre
que seja a intenção,
eles não vão vivê-la
por você.
As decisões tomadas
pela própria vontade,
mesmo equivocadas,
são aceitáveis e suportáveis...
Dê a si mesmo o direito
de acertar ou errar!
Com os erros
também se aprende.

Ninguém nos conhece
tão profundamente quanto Deus.
Se pensarmos assim, será mais fácil
a crença em nós mesmos.

"Vinde a mim,
todos vós
que estais
cansados
e carregados
de fardos,
e eu vos
darei descanso"
(Mt 11,28).

*Solidariedade, hoje,
é o novo nome da caridade,
que se concretiza pelo serviço
generoso aos mais necessitados,
aos excluídos,
rejeitados e esquecidos.
Faça parte... seja solidário,
pois há mais alegria
em doar que em receber.*

O amor
tem gestos concretos.
E o amor
que mais agrada
a Deus é aquele
que se revela
em obras de misericórdia:
visitar os doentes e presos,
alimentar os famintos,
dar de beber
a quem tem sede,
acolher os desabrigados...
(cf. Mt 25,31-45).

A verdadeira comunicação sempre busca
a comunhão entre as pessoas.
É concretizada no respeito mútuo,
na concórdia e na caridade recíproca.

É sempre
generoso e admirável
aquele que comunica fé,
transmite esperança,
sorri com otimismo,
irradia alegria,
conforta os aflitos,
presta favores
e oferece perdão.

Quando alguém serve
a Deus e aos irmãos,
é aconselhável que
não se vanglorie de seus atos.
Diante do Senhor, o maior
é quem auxilia os demais.

Não é aconselhável julgar
os outros a partir
de nós mesmos.
Cada um possui
uma forma peculiar
de encarar a realidade.
O fundamental
é aceitar o outro
como ele é,
não como gostaríamos
que fosse.

Somos seres abertos
ao mundo e à solidariedade.
Não podemos ser felizes sozinhos.
Ninguém nasce para viver
em casulos.

Sejamos compassivos,
repletos de amor fraterno,
misericordiosos
e de espírito humilde.
Não paguemos
o mal com o mal,
nem o insulto
com outro insulto.
Ao contrário,
é fundamental
que abençoemos
(cf. 1Pd 3,8-9).

Se encontrar alguém que necessita
ser ouvido, convide-o para um passeio.
Muitas pessoas só precisam de atenção,
e a mudança de ambiente
lhes pode ser benéfica.

A nova sociedade
planejada por Jesus
não se fundamenta
no exercício do
poder-dominação,
mas sim no serviço livre
e solidário, expresso
na doação individual
em favor dos irmãos.
Para ser grande,
é necessário
servir aos demais.

Não julguemos nossos defeitos
nem os dos outros,
mas sim as qualidades e virtudes.
Quem ama não vê ou não se importa
com as imperfeições alheias.

Não fique à espera
do que os outros
podem fazer por você.
Pense no que você
pode fazer por eles.
De acordo com Jesus:
"Tudo, portanto, quanto desejais
que os outros vos façam,
fazei-o, vós também, a eles"
(Mt 7,12).

O ser humano é um mistério
que jamais será desvendado totalmente.
É alguém que somente se realiza
a partir de relações de amizade,
amor, partilha e solidariedade.

A paz não pode ser construída
sem a prática da justiça e do perdão.
Quem apenas possui a vontade
de que ocorra a harmonia
entre os povos
mas não age é insincero.
O desejo desordenado
é a busca de necessidades
momentâneas e passageiras;
quando satisfeito,
gera tristeza e mal-estar.
Por sua vez, a vontade
compromete e transforma.

Ser cristão é participar e viver
a missão de doar-se e servir,
engajado na comunidade,
nas lutas e ações concretas.
Como dizia são Tiago,
a fé sem as obras é morta
(cf. Tg 2,14-26).

Seja uma pessoa interessada
em adquirir novos conhecimentos.
Hoje, os seres humanos
não querem somente
falar sobre seus problemas
e dificuldades.
Eles desejam ouvir
palavras amigas
e alentadoras.

Só você possui a chave da porta
de seu coração; a qual somente
pode ser aberta de dentro para fora.
Ninguém pode entrar se não permitir.

Amar é uma livre opção.
É uma decisão consciente,
em que prevalece a doação ao outro
sem exigir nada em troca.
Por isso, é fundamental
que, se desejarmos seguir
o mandamento cristão,
nos amemos uns aos outros,
até mesmo os inimigos,
por opção de fé.

Não podemos modificar o outro,
mas é possível mudar
nossa maneira de aceitá-lo
e nos relacionarmos com ele.

Segundo o Eclesiástico,
existem três coisas que agradam
muito a Deus e à humanidade:
a união entre os irmãos,
a amizade entre os vizinhos
e a harmonia conjugal.
Em contrapartida,
há três categorias
condenáveis de pessoas:
o pobre orgulhoso, o rico mentiroso
e o idoso adúltero e estulto
(cf. Eclo 25,1-4).

Ame a Deus como a si mesmo...
e a você mesmo com grandeza.
Ame, também, seu próximo
como a si mesmo,
do mesmo modo que Jesus,
a tal ponto de dar
a própria vida por ele.

Na parábola do bom samaritano
Jesus destaca alguns gestos
de amor ao próximo:
ao ver o caído à beira do caminho,
o samaritano teve compaixão.
Quando levou o ferido
a uma estalagem
e pagou as despesas
de sua recuperação,
amou-o com gestos concretos.
E completou:
"Vá, e faça a mesma coisa"
(cf. Lc 10,30-37).

Trabalhe e lute em prol
da felicidade coletiva.
Sobre algumas pessoas,
pode-se dizer: "ele sabia fazer
os demais felizes" ou "quando
o conheci, senti que Deus existe".

Segundo William Shakespeare,
"o tempo é muito lento
para os que esperam,
muito rápido para os que têm medo,
muito longo para os que lamentam,
muito curto para os que festejam.
Mas, para os que amam,
o tempo é eternidade".

Ser for aceito com fé e resignação,
o sofrimento é sempre redentor.
Quando sofremos por amor,
nós nos tornamos mais humanos.

"Suportai-vos
uns aos outros (...),
perdoai-vos
mutuamente.
Como o Senhor
vos perdoou,
fazei também
assim vós"
(Cl 3,13).

Quem espera no Senhor
e confia nele,
vigiando e praticando boas obras,
terá uma grande surpresa
quando chegar a seu Reino.
Ele mesmo nos acolherá,
nos colocará à mesa e nos servirá
(cf. Lc 12,37).

Pelo batismo,
fomos marcados
e revestidos por Cristo.
Nós nos tornamos
semelhantes a Jesus,
com o compromisso
de testemunhar a fé,
viver do mesmo modo que ele
e praticar seus ensinamentos:
a verdade, a justiça, o amor,
o perdão e a paz.

Somente quem realizou
uma experiência pessoal com Cristo
é capaz de renunciar a tudo,
sair de si mesmo e caminhar
em direção aos outros
e também ao grande outro: Deus.

Não há amor maior
que o amor de Deus.
Como destaca o profeta Isaías:
"Acaso uma mulher esquece
o seu nenê, ou o amor
ao filho de suas entranhas?
Mesmo que alguma se esqueça,
eu de ti jamais me esquecerei.
Vê que escrevi teu nome
na palma de minha mão"
(Is 49,15-16).

Quem ama não esquece
nem condena.
Confiemos em Deus.
Sua misericórdia e bondade
superam os problemas e os pecados
do mundo. Jesus destaca:
Misericórdia eu quero,
não sacrifícios (cf. Mt 9,13).

O amor divino
transforma a pessoa
em "sujeito" do amor:
capaz de amar, louvar,
agradecer,
abençoar e ser livre.
O amor nasce
do coração de Deus,
passa pelas relações
entre as pessoas
e chega a ele novamente.
Quem ama nasce de Deus
e é dele.

A Bíblia é a maior riqueza
dos cristãos. Ela nos conduz à prática
do amor e da justiça e nos aponta
o caminho do bem e do Reino de Deus.

Deus nunca se decepciona conosco,
por pior que sejamos.
Somente ele tem a força
de erguer o caído
e proporcionar-lhe vida nova.
Jesus veio ao mundo
não apenas para libertar
aquele que está se perdendo
ou que ainda vai se perder.
Veio, sobretudo,
para o que já está perdido
(cf. Lc 19,10).

Para seguir Jesus,
são necessárias estas condições:
fé na palavra, participação
na comunidade e luta
pela verdade e justiça.

A Eucaristia é o alimento
que nos sustenta
na caminhada,
o remédio que cura
as feridas e as marcas
produzidas pelo pecado.
Ela nos torna sensíveis
às necessidades
dos irmãos e irmãs.

Quem diz que ama a Deus
mas não ama o irmão é insincero.
A condição para saber que estamos
com Jesus é agir
do mesmo modo que ele
(cf. Jo 2,5).

Deus cuida de seus amados,
mesmo quando eles dormem
(cf. Sl 127[126],2).
Por sua vez,
ele quer ser amado,
e não temido.
Sua bondade é tão grande
que não poupou
nem o próprio Filho,
pois entregou-o à morte
para nos salvar.

Deus nunca se decepciona
com a humanidade. Ele não ama
o pecado, mas ama apaixonadamente
o pecador; vai à sua procura
(cf. Lc 15,4-7),
pois não quer perder ninguém.

Segundo são João,
"se o nosso coração nos acusa,
Deus é maior que o nosso coração
e conhece todas as coisas" (1Jo 3,20).
O pecado não destrói o ser humano,
mas torna-o enfermo.
Jesus veio refazer o ser humano,
transformá-lo e renová-lo internamente.
Ele não rejeitou o sofrimento nem
a dor, mas deu-lhe novo sentido.
Experimentou as maiores humilhações
para resgatar a verdadeira vida.
Desse modo, para quem tem fé,
a dor torna-se também um sacramento,
um lugar onde Cristo habita,
ama e liberta.

A Bíblia defende e promove a vida.
E revela que os ensinamentos
mais importantes da lei de Deus são:
misericórdia, amor, fidelidade,
justiça e perdão.

Maria

é o caminho mais seguro
para chegar a Jesus.
Ninguém conhece
melhor o filho que a mãe.
Ela é sempre
uma presença amorosa
e terna entre os que crêem
e confiam nela,
principalmente nos momentos
de dor, abandono,
perda ou morte.

Jesus veio ao mundo para nos revelar
um Deus amoroso, pleno de compaixão
e misericórdia, que nos ama
com um coração de Pai e Mãe.

O maior milagre
realizado por Jesus
foi a Eucaristia,
ao fazer-se presente
em um pedaço de pão
e um pouco de vinho.
Ela é o centro
da fé cristã
e fonte maior
da vida espiritual.
Não podemos ser
bons cristãos sem comunhão.

Quando amamos alguém,
a pessoa não sai da nossa mente.
Assim ocorre com Deus,
que sempre nos amou sem medidas
e nos amará até o fim.

Jesus
nos revelou a imagem
de Deus amor,
misericordioso e fiel.
Ele ama a todos
com a mesma intensidade
e quer que vivamos
e nos respeitemos
como irmãos.
Somos todos humanos,
filhos e filhas
do Pai Maior.

Levamos para a eternidade o bem
que praticamos na vida.
Confiamos na misericórdia de Deus,
que perdoa nossos pecados.

A justiça de Deus
é a misericórdia.
A prática da justiça
está no centro
da mensagem de Jesus,
que se realiza
a partir da vida
dedicada ao bem,
à verdade
e à solidariedade.

Deus nos ama não porque somos bons,
mas sim porque ele é bondoso.
Quem possui essa qualidade
jamais deseja o mal para os outros.
Compreende, tolera e perdoa.

Senhor, eu hoje quero perdoar
tudo aquilo que deve ser perdoado.
Preciso ser perdoado por ti
e por aqueles que ofendi.
Rezo para perdoar
a mim mesmo e a quantos
tenho ofendido e prejudicado.
A todos perdôo
com o coração e a mente.
Concede-me, Senhor, esse dom,
hoje e sempre. Amém.

A misericórdia
é semelhante a um tesouro escondido
no coração do ser humano.
É o amor que vê e sente
a miséria humana
e luta para suavizar
a dor alheia.
Jesus disse:
"Em verdade vos digo:
todas as vezes que fizestes isso
a um destes mais pequenos,
que são meus irmãos,
foi a mim que o fizestes"
(Mt 25,40).

Uma boa ação repetida diversas vezes
produz a virtude.
Em contrapartida,
um mau ato cria o vício.

É importante
o cultivo constante
dos seguintes valores:
o amor à família, santuário da vida;
a fé, força máxima do viver;
o trabalho, dignificante
e realizador pessoal.
Por outro lado, devemos excluir
de nossa existência:
o ódio, que não auxilia
na construção do bem;
o passado ruim, que provoca sofrimento;
o pessimismo e o desânimo,
que enfraquecem
a alegria de viver.

É fundamental possuir
um coração sempre grato.
Aquele que muito agradece
é recompensado em dobro.

Se não formos pacientes,
não seremos compassivos.
Se não tivermos força
para carregar
o peso da vida,
não teremos condições
de suportar
o peso do próximo.
Somente a paciência
é capaz de transmitir
força e coragem
para enfrentar
as adversidades da vida.

Nosso coração é o santuário
onde sentimos a presença de Deus.
Nesse lugar, ele nos fala ao coração.
O silêncio tem o ritmo divino.

Segundo Antoine de Saint-Exupéry,
é muito importante
cultivar bons relacionamentos:
"Tu te tornas
eternamente responsável
por aquilo que cativas".
"Hoje as pessoas
querem comprar
tudo pronto nas lojas.
Mas, como não existem
lojas de amigos,
elas não têm mais amigos".

O que mais sacia e satisfaz o espírito
não é conhecer e saber em demasia,
mas sim sentir e saborear com amor
tudo que brota do coração.

Jesus disse:
"Deixo-vos a paz,
a minha paz vos dou...".
Paz não é apenas ausência
de guerras, armas ou violência,
mas sim a plenitude
de todos os bens.
Por isso, é fundamental
sermos pessoas de paz,
que semeiam a harmonia
em um mundo tão caótico.

O verdadeiro justo
é o pecador arrependido
que experimentou a misericórdia divina.
Deus nunca se cansa de perdoar
o coração arrependido.

Ser humilde
não significa confiar
em si mesmo,
mas em Deus.
É reconhecer-se
pequeno diante
da grandeza
divina.
Sobre isso,
Jesus declara:
"Somente
quem se humilha
será exaltado".

Segundo Michel Quoist,
para ser belo, bastaria parar
um minuto diante do espelho,
cinco minutos diante de nós mesmos
e quinze minutos diante de Deus.

Não basta apenas
crer em Jesus Cristo.
Na Bíblia, está escrito
que também os demônios
crêem em Jesus
e sabem que ele
é o Filho de Deus
(cf. Mt 9,28-33),
porém não amam
nem servem ao Senhor.
Sem amor e serviço,
não há cristianismo.

O Senhor sempre acolhe
e orienta seus filhos e filhas
com amor paterno e materno
e palavras repletas de carinho,
bondade, compreensão, paz e vida.

Em cada um de nós,
há um princípio
ético, inato,
que nos ensina
sobre o bem
a ser feito
e o mal
a ser evitado.
Quando auxilio
uma pessoa,
o maior beneficiado
sou eu mesmo.

Para Madre Teresa de Calcutá,
"o presente mais belo é o perdão;
a mais bela de todas
as coisas é o amor".
Somente Deus sabe amar e perdoar.

O perdão
é sempre positivo,
tanto para quem
é perdoado
como para quem
perdoa.
Por isso,
se formos repreendidos,
não devemos
nos entristecer,
pois "quem nos corrige
nos ajuda".

Muitas vezes, a existência nos reserva
situações difíceis. Mas Deus nos ajuda
a integrá-las em nossa vida
com muita paciência e oração.

Mais que
simples palavras,
a oração
é muito escutar e amar.
Quem reza
é humilde,
confia e sente
necessidade de Deus.
A prece bem-feita
alimenta,
ilumina, fortalece
e anima
nas boas obras.

Saiba que Deus nos deu: sabedoria,
para aprender; liberdade,
para decidir; vontade, para fazer ou não.
Por isso o saber, o escolher
e o fazer dependem de nós.

Deus
se revela
naqueles
que reconhecem
a própria pobreza,
que na humildade
sabem perceber
a grandeza divina
e renunciam a si mesmos
em benefício
do Criador
e do próximo.

Quanto mais rezo,
mais vontade sinto de rezar;
quanto mais vontade de rezar,
mais rezo; quanto mais rezo,
mais percebo a presença de Deus,
que me fala como um amigo.

A família
é o seio gerador da vida.
Tão antiga quanto
a humanidade,
essa instituição nasceu
do desejo, da vontade
e do coração de Deus.

A família
será bem constituída
e se tornará sólida
se for bem preparada.
O namoro é a fase
que proporciona às pessoas
condições de escolha, conhecimento
e amadurecimento em prol
de um projeto de vida
e realização pessoal.
É imprescindível a formação
de uma comunidade de amor
para enfrentar jornadas,
ora de rosas, ora de espinhos.

Quando se amam, as pessoas querem
compartilhar a vida,
os sentimentos, as dores,
os desejos e as conquistas.

Segundo João Paulo II,
"o ser humano
não pode viver
sem amor.
Ele permanece
para si mesmo
um ser incompreensível
e sua vida é destituída de sentido
se não lhe for revelado o amor,
se ele não se encontra com o amor,
se não o experimenta
e se não o torna algo próprio".

Ninguém ama aquilo que não conhece.
O conhecimento do outro
só é possível a partir do diálogo
e da partilha.

O matrimônio
é o único sacramento
que não pode ser celebrado ou vivido
de modo individual.
Significa a busca constante
de duas pessoas pela felicidade,
na alegria e na tristeza,
na saúde e na doença,
na presença e na ausência,
em todos os momentos e sempre.
Quem ama de maneira incondicional
também perdoa na mesma proporção;
no entanto, quem deixa de amar
é porque nunca amou verdadeiramente.

De acordo com o Concílio Vaticano II,
"a saúde da sociedade está
muitas vezes diretamente ligada
à prosperidade da comunidade
conjugal e familiar".

É importante distinguir
a paixão do amor.
A primeira é quase sempre
momentânea, passageira,
e desfaz-se perante
qualquer dificuldade ou aborrecimento.
Tem forte apelo físico ao prazer,
à aventura, ao amar-se no outro.
O segundo envolve totalmente a pessoa;
entre outros fatores, é expresso
pelo diálogo, doação, confiança,
respeito, tolerância,
fidelidade, compreensão e perdão.

O casamento é algo de divino;
não se pode brincar com ele.
Exige vocação, preparação e formação
para celebrá-lo e realizar a aliança,
a entrega total de um para o outro
(cf. Gn 2,24).

Madre Teresa de Calcutá
afirmava que
"as pessoas mais necessárias
são os pais".
Por isso os filhos devem respeitar
e querer bem aos pais.
Como aconselha são Paulo:
"Filhos, obedecei em tudo
aos vossos pais,
pois isto agrada a Deus.
Pais, não irriteis vossos filhos,
para que eles não percam o ânimo"
(Cl 3,20-21).

O namoro é uma época preciosa
de conhecimento, diálogo,
amadurecimento, sinceridade,
busca do outro com o objetivo consciente
e responsável de formar
uma comunidade de amor, que é a família.

O casamento
é originário do desejo,
da bondade
e do coração de Deus.
É um compromisso
de amor eterno
entre um homem e uma mulher.
Quer esteja na luz,
quer na cruz,
o casal transforma a união
em um ato recíproco
de dar e receber.

O melhor amigo é aquele com quem
nos sentamos por longas horas.
Ao deixá-lo, mesmo que não tenha
havido diálogo, temos a sensação
de que foi a melhor conversa
que já tivemos.

Tu que estás protegido...
Salmo 91(90)

Tu que estás sob a proteção do Altíssimo
e moras à sombra do Onipotente,
dize ao Senhor: "Meu refúgio, minha
fortaleza, meu Deus, em quem confio".
Ele te livrará do laço do caçador,
da peste funesta;
ele te cobrirá com suas penas,
sob suas asas encontrarás refúgio.
Sua fidelidade te servirá
de escudo e couraça.
Não temerás os terrores da noite
nem a flecha que voa de dia,
nem a peste que vagueia nas trevas,
nem a epidemia que devasta ao meio-dia.
Cairão mil ao teu lado
e dez mil à tua direita;

mas nada te poderá atingir.
Basta que olhes com teus olhos,
verás o castigo dos ímpios.
Pois teu refúgio é o Senhor;
fizeste do Altíssimo tua morada.
Não poderá te fazer mal a desgraça,
nenhuma praga cairá sobre tua tenda.
Pois ele dará ordem a seus anjos
para te guardarem em todos
os teus passos.
Em suas mãos te levarão para que teu pé
não tropece em nenhuma pedra.
Caminharás sobre a cobra e a víbora,
pisarás sobre leões e dragões.
"Eu o salvarei, porque a mim se confiou;
eu o exaltarei, pois conhece meu nome.
Ele me invocará, e lhe darei resposta;
perto dele estarei na desgraça,
vou salvá-lo e torná-lo glorioso.
Vou saciá-lo com longos dias
e lhe mostrarei minha salvação".

Senhor, eu me entrego!

Deus da esperança, do amor e da vida:
faça-me crer profundamente
em suas palavras de vida eterna:
Eu sou a ressurreição!
Eu sou a vida!
Senhor! Eu me entrego em suas mãos.
Que a dor da separação
não me esmague,
e que eu tenha forças para enfrentá-la
com muita coragem e fé.
Eu creio, Senhor,
na ressurreição e na vida!
Aumente a minha fé que vacila
nestes momentos difíceis. Amém!

Oração
para pedir saúde

Divino Espírito Santo,
criador e renovador de todas as coisas,
vida da minha vida!
Com Maria Santíssima,
eu vos adoro, agradeço e amo!
Vós, que dais vida a todo o universo,
conservai em mim a saúde.
Livrai-me de todas as doenças
e de todo o mal!
Ajudado com a vossa graça,
quero usar sempre minha saúde,
empregando minhas forças
para a glória de Deus,
para o meu próprio bem
e para o bem do próximo.
Peço-vos, ainda, que ilumineis,
com vossos dons de sabedoria e ciência,

os médicos e todos
os que se ocupam dos doentes.
Que eles conheçam
a verdadeira causa
dos males que destroem
ou ameaçam a vida das pessoas
e ajudem a defendê-la e curá-la.
Virgem Santíssima, mãe da vida
e saúde dos enfermos,
sede mediadora nesta minha oração!
Amém!

Índice temático

B

E

F

Rua Dona Inácia Uchoa, 62
04110-020 – São Paulo – SP (Brasil)
Tel.: (11) 2125-3500
http://www.paulinas.com.br – editora@paulinas.com.br
Telemarketing e SAC: 0800-7010081